NOTE

quelques changements désirables

DANS LA

Législation des Sociétés par Actions

La grande guerre, qui aura causé la consommation de tout le stock des objets fabriqués existant dans le monde au commencement de 1914, et qui aura détruit dans notre pays tant d'industries florissantes, sera certainement suivie d'une grande activité économique. Si elle ne veut pas rester la tributaire de l'étranger et voir s'écouler chaque année au dehors une partie de sa richesse, la France, qui aura d'immenses besoins, devra organiser sur son territoire une immense production. Il y aura à rappeler à la vie les industries du Nord et de l'Est que l'ennemi aura tuées avant d'évacuer le territoire; il y aura à adapter à la fabrication des objets nécessaires au temps de paix beaucoup d'usines et de manufactures qui auront été improvisées pour satisfaire aux besoins exceptionnels de la guerre; il y aura enfin à créer d'autres usines, d'autres manufactures dont la nécessité apparaîtra, si nous voulons non seulement nous suffire à nous-mêmes, mais alimenter nos marchés coloniaux et faire reparaître l'article français sur les marchés étrangers.

Pour tant d'affaires, il faudra que beaucoup de capitaux s'associent; il faudra donc beaucoup de Sociétés par actions. Avant que l'épargne publique ne soit sollicitée d'entrer dans toutes les affaires nouvelles qui lui seront proposées, il semble qu'une révision de la législation des Sociétés doive être entreprise par le Gouvernement ou provoquée par l'initiative parlementaire.

Les modifications qui paraissent désirables dans la loi de 1867 et dans les lois par lesquelles elle a été déjà partiellement amendée ou complétée combleraient certaines lacunes que la pratique a permis de découvrir dans ces lois ; elles prémuniraient les épargnistes, dont on cherchera à provoquer les souscriptions, contre la mauvaise foi de certains faiseurs : elles rendraient plus facile aux actionnaires l'exercice de leur droit de contrôle sur les directeurs et les administrateurs des Sociétés ; enfin, sans gêner en rien ces directeurs et ces administrateurs dans l'exercice légitime de leur mandat, elles restreindraient, en précisant mieux et en leur en faisant mieux sentir leur responsabilité, leur toute-puissance sur les affaires sociales.

Les actions de 25 à 100 francs.

La loi stipule que les actions de 25 francs (taux minimum pour les Sociétés au capital de moins de 200.000 francs) doivent être entièrement libérées et que les actions de 100 francs (taux minimum pour les Sociétés au capital de plus de 200.000 francs) doivent être libérées au moins du quart, soit 25 francs.

Mais elle n'a rien stipulé pour les actions à taux intermédiaire entre 25 et 100 francs. Le fondateur d'une Société au capital de 200.000 francs, qui créerait des actions de 40 francs, pourrait donc se risquer à n'en appeler que le quart. Ces versements infimes permettraient à des hommes d'affaires peu scrupuleux de drainer les épargnes, qui sont les plus intéressantes parce qu'elles sont les plus modestes. Ils doivent être expressément interdits par la loi. Il y a un intérêt social à développer l'association pour les petites entreprises industrielles et commerciales. En Angleterre, sur des milliers de boutiques d'épicerie, de menuiserie, de boucherie, etc., on voit figurer la mention « limited », qui indique l'existence d'associations de petits capitaux. C'est grâce à cette multitude de petites Sociétés que le petit et le moyen commerce anglais ont pu résister mieux que le petit et le moyen commerce français à l'envahissement des grands magasins. Si on veut favoriser dans notre pays le développement des Sociétés à modeste capital, de ces Sociétés qui, en vue d'entreprises modestes, groupent, en Angleterre, soit les épargnes d'une famille, soit les épargnes de quelques personnes se connaissant bien : voisins de quartier, clients, patrons et employés ; si on veut mettre à la disposition de la classe moyenne cet instrument de résistance et d'indépendance, il importe de ne pas laisser subsister dans la loi une lacune favorable aux machinations malhonnêtes. Il y aurait donc lieu d'écrire dans la loi que le versement initial sur les actions — quel que soit leur taux nominal — ne devra jamais être inférieur à 25 francs.

La publicité.

La publicité, qui est l'art de faire connaître les nouveautés, est aussi, pour certaines gens, l'art de faire des dupes.

Par des annonces en caractères qui attirent le regard, par les amples dimensions de ces annonces, par leur insertion répétée ; par des articles placés dans le corps des journaux et qui, rien ne révélant leur nature commerciale, semblent émaner de la rédaction ; par des lettres envoyées à domicile ; par des « réponses » insérées dans des feuilles financières à des « lettres » que les éditeurs de ces feuilles prétendent avoir reçues ; par toutes ces manœuvres dont la dernière au moins, consistant dans une mise en scène, a un caractère délictueux, des lanceurs d'affaires parviennent véritablement à s'assujettir la partie la plus simple, la plus crédule du public.

La publicité financière loyale se propose de fournir à ceux qu'on voudrait voir s'intéresser à une entreprise déterminée des éléments d'appréciation ; l'autre publicité a pour cause finale la volonté d'étourdir ceux dont on veut obtenir la souscription aux titres d'une nouvelle Société ou à qui on veut faire acheter les titres des Sociétés déjà constituées. Elle ne cherche pas à provoquer la réflexion, le jugement de ceux qu'elle sollicite, mais à créer en eux par des affirmations audacieuses, par la perspective de bénéfices mirifiques et imaginaires, un engouement qui oblitère chez ceux qui en sont pris la faculté de discernement ! Maniée par les malhonnêtes gens, la publicité financière crée par sa continuité, par son vacarme, chez les gens qu'elle vise à duper, une sorte d'état hypnotique qui annihile leur volonté, les prédispose à croire tout ce que leur disent les trompeurs.

Nous avons eu, il n'y a pas très longtemps, un exemple de la puissance que la publicité impudente peut donner sur la masse crédule. Le « financier » Rochette a pu commettre toutes les escroqueries dont le châtiment fut si tardif, parce que, grâce aux artifices de la réclame la plus tapageuse, il était arrivé à communiquer à une clientèle chaque jour grandissante une confiance aveugle, une foi en sa personne comparable à celle que les tribus arabes accordent aux Mahdis qui se disent inspirés. Par sa publicité, Rochette avait comme fasciné ses victimes. Elles croyaient en lui et se bousculaient pour lui apporter leur argent chaque fois qu'il avait trouvé quelque prétexte nouveau pour le leur extorquer.

Les législateurs se sont préoccupés en 1907 des dan- gers que cette publicité sans scrupule fait courir à l'épargne publique. Ils n'ont pas pu penser à en réprimer l'excès, à limiter les dépenses de propagande financière comme on peut à la rigueur limiter les dépenses de propagande électorale. Il n'y a aucun moyen, en effet, d'empêcher un homme ou une Société de faire prôner ses mérites à ses frais. La loi de finance du 30 janvier 1907 a cherché seulement à imposer un minimum de loyauté à la publicité financière. Elle a prescrit que « préalablement à toute mesure de publicité, les émetteurs, exposants, metteurs en vente, introducteurs d'actions, d'obligations et de titres, de quelque nature qu'ils soient, de Sociétés françaises ou étrangères, devront faire insérer dans un Bulletin annexe du *Journal officiel* (qui est devenu postérieurement à 1907, le *Bulletin des Annonces obligatoires* à la charge des Sociétés) une notice donnant sur les titres émis, exposés, mis en vente ou introduits tous les renseignements jugés indispensables pour que les personnes sollicitées de souscrire ou d'acquérir ces titres puissent se décider en connaissance de cause ».

Ces renseignements portent sur la dénomination ou raison sociale de la Société ; sur la législation française ou étrangère qui la régit ; sur le siège social ; sur l'objet de l'entreprise ; sur le montant du capital ; sur le taux de chaque catégorie d'actions ; sur le capital non libéré ; sur le dernier bilan certifié conforme (s'il n'a pas encore été dressé de bilan, la notice doit en faire mention).

La loi de 1907 dit encore : « Les affiches, prospectus et circulaires devront reproduire les énonciations de la notice et contenir mention de l'insertion au *Bulletin des Annonces obligatoires*, avec référence au numéro dans lequel elle aura été publiée. Les annonces dans les journaux devront reproduire les mêmes énonciations ou tout au moins un extrait de ces énonciations avec référence à ladite notice et indication du numéro du *Bulletin* dans lequel elle aura été publiée ».

L'expérience a permis de constater que ces prescriptions, pour sages qu'elles soient, sont insuffisantes. Ont-elles empêché l'homme que nous avons cité de faire dans l'épargne des petites gens, avec l'arme de la publicité, ses razzias dévastatrices? Il y a donc lieu de renforcer la loi de 1907.

Ce qu'elle a voulu, cette loi, c'est que les souscripteurs aux émissions de sociétés non encore constituées et les acheteurs aux introductions à la Bourse ou aux mises en vente des titres de Sociétés déjà constituées, sussent exactement ce qu'on leur offrait et à quoi ils s'engageraient en entrant dans la Société dont les titres leur seraient proposés. Et pour assurer cette diffusion de la vérité, la loi a ordonné quoi? une insertion dans un *Bulletin* qui, n'ayant aucun dépositaire en France en dehors des bureaux du *Journal officiel*, quai Voltaire, ne peut pas pénétrer dans le public, n'est lu que par les financiers, les banquiers, les hommes d'affaires, par les vendeurs de titres, et est comme s'il n'existait pas pour les premiers intéressés, pour ceux que visent les émetteurs et les introducteurs de titres, pour les possesseurs d'épargne, pour les acheteurs de titres, pour ceux que la loi voudrait voir renseignés!

Quelle est l'insertion ordonnée par la loi dans ce *Bulletin* que seuls les initiés songent à se procurer? C'est celle d'une « notice » qui devra contenir de très utiles renseignements. Mais un habile rédacteur pourra, en présentant ces renseignements, mettre en lumière les « bons », ceux qui séduisent, et laisser dans une ombre propice les « moins bons », ceux qui seraient susceptibles de donner à réfléchir. Même loyalement rédigée, cette « notice » ne peut pas suppléer aux statuts, qui, eux, énoncent toutes les conditions du pacte social. Or, la loi ne prescrit pas la publication des statuts.

Cette publication des statuts dans leur intégralité constituant le premier élément certain d'informations à mettre à la portée du public, il y aurait lieu de l'ordonner pour toutes les Sociétés. Quand les titres seraient mis en souscription publique, avant la constitution de la Société, la publication intégrale des statuts devrait précéder l'ouverture de la souscription ; quand la Société aurait été formée sans publicité par les seuls fondateurs qui en auraient souscrit tout le capital et quand la mise en vente de ses titres serait faite, par un mode quelconque (introduction à la Bourse, ou placement aux guichets ou autrement), c'est avant cette mise en vente que la publication intégrale des statuts devrait avoir été faite dans le *Bulletin*. En résumé, aucune valeur mobilière ne devrait pouvoir être mise en souscription publique ou vendue en France par les fondateurs d'une Société ou par ceux qui font commerce ordinaire de ces valeurs, sans le minimum d'informations qu'assurerait l'insertion au *Bulletin* des statuts de la Société intéressée.

On objectera certainement que la publication intégrale des statuts sera toujours plus coûteuse que l'insertion de la Notice. Mais rien n'empêchera le Ministre dont relèvent les journaux officiels d'imposer au fermier des annonces du *Bulletin* un abaissement de ses tarifs qui sont beaucoup trop élevés. D'ailleurs, avec l'insertion des statuts, ce fermier aura plus de lignes à publier ; il regagnera sur la quantité ce qu'il aura abandonné par la réduction du prix.

L'insertion intégrale des statuts au *Bulletin* préalablement à toute souscription et à toute mise en vente serat-elle suffisante pour que le public soit informé de ce qu'il doit savoir. Non. Comme nous l'avons déjà marqué, la circulation du *Bulletin* dans le vrai public, dans le public souscripteur ou acheteur de titres, dans le public payant, est nulle. Le *Bulletin*, en effet, ne se vend qu'en un seul endroit du monde, quelques heures par jour à un guichet qui n'est pas ouvert le dimanche. C'est donc presque une dérision que de dire aux possesseurs d'épargnes, quand on les sollicite d'entrer dans une affaire : « Tous les renseignements qui vous intéressent sont dans le *Bulletin;* vous n'avez qu'à vous le procurer ! »

Mais si le public ne lit pas le *Bulletin*, il lit les journaux quotidiens et les journaux financiers. La loi de 1907 n'a pas méconnu ce fait, car elle a stipulé que les « annonces dans les journaux devront reproduire les mêmes énonciations que la Notice ou tout au moins *un extrait* de ces énonciations avec référence à la Notice et indication du numéro du *Bulletin* dans lequel elle aura été publiée ».

Reproduire en leur entier les énonciations de la Notice dans les journaux est presque impossible, car cette Notice est ordinairement assez longue et les tarifs de publicité des journaux sont trop élevés. La loi, devant cette quasi-impossibilité, a donc dit qu'elle se contenterait d'un *extrait* des énonciations de la notice. Ce mot « extrait » prête à l'équivoque. Dans une de ses acceptions, il signifie bien « abrégé », « sommaire »; mais il est pris plus couramment dans une autre acception, dans le sens de « passage tiré d'un écrit ». En s'arrêtant à ce dernier sens, les fondateurs ou introducteurs d'une Société peuvent manquer à l'esprit de la loi, tout en se conformant à sa lettre. On leur demande un extrait. Ils font un extrait. Leur choix tombe sur le passage le plus avantageux, pour eux, de la Notice. Ils ne l'ont pas fait exprès. Ils ont eu une heureuse inspiration. Ils sont en règle puisqu'ils ont « fait un extrait de la notice ».

Pour empêcher cette manigance, il n'y aurait qu'à remplacer le mot « extrait » par le mot « résumé ». Un « résumé » doit rappeler tous les points importants d'un exposé, il n'en doit omettre aucun. Les fondateurs ou introducteurs de Sociétés faisant appel au public devraient donc être tenus, quand ils font des annonces dans les journaux, de donner tout d'abord à ces annonces la forme d'un tableau qui contiendrait les énonciations suivantes, *étant entendu que ce résumé en forme de tableau aurait paru antérieurement dans le* Bulletin *comme les statuts* :

Nom de la Société et noms des fondateurs de la Société.
Noms des Administrateurs si la Société est déjà constituée.
Objet de la Société.
Législation (française ou étrangère) qui régira la Société.
Siège de la Société.
Nom et siège de l'établissement chargé du service financier de la Société, s'il s'agit d'une Société étrangère.
Taux nominal des actions.
Versement initial sur chaque action.
Versements restant à effectuer éventuellement.
Apports. Leur nature.
Valeur des apports.
Mode de paiement des apports, en argent ou en actions libérées ou en parts de fondateurs.
Intérêt fixe pour les actions de capital $x \%$.
Répartition des bénéfices : $x \%$ aux actionnaires. $x \%$ aux parts de fondateurs. $x \%$ au Conseil d'administration et à la Direction.
Nombre d'actions requises pour assister aux Assemblées générales.
Indication des privilèges qui peuvent être conférés, dans le vote aux Assemblées, à certaines catégories d'actions.
Référence au numéro du *Journal officiel* qui aurait contenu et les statuts et ce résumé.

Ce tableau donnera les mêmes renseignements que ceux qui devraient se trouver dans *l'extrait*, s'il était toujours fait de bonne foi. Mais il aura sur *l'extrait*, même loyal, cet avantage qu'il n'énoncera que des faits sans phrases et que mis en forme de tableau, comme nous le proposons, il sera *vu* d'un coup d'œil, tandis que l'extrait, le résumé fait en forme d'article ou d'entrefilet, doit être *lu* et peut plus facilement qu'un tableau passer inaperçu.

Mais, pourra-t-on nous dire, les fondateurs et les introducteurs honorables d'une Société de bonne foi ne verront que des avantages à la publication de ce résumé des statuts qui, en la faisant bien connaître, recommandera leur entreprise. Ils s'empresseront donc de le faire insérer dans les journaux. Au contraire, les financiers et hommes d'affaires malhonnêtes, qui n'ont pas intérêt à se laisser regarder de trop près ni à laisser examiner la marchandise qu'ils présentent, se dispenseront de publier le résumé. Ils ne feront pas d'annonces; ils ne feront que de la réclame; ils feront publier dans des articles tout ce qu'ils voudront, en faisant suivre seulement ces articles de la référence au *Bulletin* qui aura contenu les statuts et leur résumé.

Il est très facile de parer à cette manœuvre. La loi ne peut pas ordonner de faire de la publicité; elle ne peut pas davantage défendre à une Société de se faire recommander au public par des articles insérés en dehors des pages d'annonces. Mais ne pourrait-elle pas prescrire que, avant une souscription ou une mise en vente, *préalablement* à toute publicité de quelque nature qu'elle soit, dans un journal quelconque, le « résumé », déjà paru en même temps que les statuts au *Bulletin*, *devra* avoir été inséré dans ce journal ?

En outre, mis à part les comptes rendus de la Bourse, qui signalent les fluctuations des cours, toutes les an-

nonces et tous les articles recommandant la Société intéressée, depuis l'ouverture jusqu'à la clôture de la souscription ou pendant un temps à déterminer (quinze ou
vingt jours) après le commencement de la mise en
vente; toutes ces annonces et tous ces articles devraient
contenir une référence non seulement au *Bulletin*, qui
est presque toujours introuvable, mais une référence
au numéro du journal où aurait été publié le résumé
complet et loyal, sans phrases, des statuts de la Société
et des conditions de la souscription.

Le possesseur d'épargne, sollicité de faire un versement à une souscription ou une acquisition de titres
d'une affaire déjà constituée et qui cherchera à s'é-
couler dans le public, pourra toujours, si le résumé
lui a échappé le jour de la publication, se procurer le
numéro qui le contient, Il n'aura qu'à s'adresser à son
marchand de journaux; s'il néglige cette précaution et
qu'il découvre plus tard qu'il a été insuffisamment ren-
seigné, il n'aura à s'en prendre qu'à soi-même.

Prenons un exemple concret. Nous supposons qu'il
existe à Paris un journal appelé *le Phare*. La loi n'exige
pas qu'aucune publicité soit faite dans ce journal par les
fondateurs d'une Société. Mais ceux-ci estiment que le
concours du *Phare* leur est indispensable. Ils pourront
y publier tout ce qu'il leur plaira de dire. Mais avant
aucune annonce, aucun article, ils auront à faire insérer
dans *le Phare* le résumé dont nous avons proposé un
schéma et toutes les annonces, tous les articles qui sui-
vront dans *le Phare* pendant la durée de la souscription
ou pendant un certain délai, s'il s'agit d'une mise en
vente, devront comporter cette référence. *(Résumé des
statuts et des conditions de la souscription publié dans le
numéro du* Bulletin *en date du* et
dans le numéro du Phare *en date du* .)

Ainsi, l'abonné et l'acheteur du *Phare* sauront, s'ils le veulent, ce qu'ils ont intérêt à ne pas ignorer.

La loi, pour protéger comme elle le doit, et autant qu'elle le peut, le possesseur d'épargne contre son propre aveuglement et surtout contre l'aveuglement dans lequel les financiers sans bonne foi chercheront toujours à le maintenir, devra encore ordonner que le résumé figure non seulement sur les affiches et circulaires mais encore sur le bulletin de souscription, au dos de ce bulletin ; et il sera prescrit que, au bas de la formule de souscription, soit inscrit en caractères très lisibles cet avis : « *Voir, au verso, le résumé des statuts et les conditions de la souscription. (Loi du.....   .)* »

Ce n'est pas seulement au moment où une Société se crée ou au moment où, déjà créée, elle offre ses actions au public, que la publicité doit être organisée et réglementée. Les Assemblées générales ne se tiennent qu'une fois par an et, dans les intervalles de leur tenue, les actionnaires peuvent ne pas être informés des incidents de la vie sociale, même quand ils ont de la gravité. Ainsi, il peut se produire entre deux Assemblées des vacances dans le Conseil d'administration — et le Conseil a le droit de choisir les remplaçants des administrateurs disparus (son choix devant être soumis à la ratification des actionnaires) ; ainsi encore le président ou l'administrateur-délégué, ou le directeur général, peuvent décéder ou démissionner et le Conseil d'administration a pouvoir de procéder à leur remplacement. Ces disparitions, ces changements, ces nominations, à titre provisoire ou définitif, peuvent affecter grandement les intérêts de la Société et ne peuvent donc pas laisser les actionnaires indifférents. Pourtant, ils ne les connaissent que par les publications bénévoles que les grandes Sociétés et la plupart des Sociétés honorables ne manquent jamais de faire dans les journaux.

Quelque peu efficace que soit la publicité du *Bulletin*, il parait utile d'ordonner que toutes les mutations dans le Conseil d'administration et dans la haute direction des Sociétés, qui se produiraient entre deux Assemblées générales, soient, dans un délai très court, l'objet d'une insertion dans ce *Bulletin*.

Pareillement, il conviendrait d'ordonner la publication dans le *Bulletin*, deux semaines après l'Assemblée générale, du bilan de l'année. Cette publication n'apprendra rien sur les grandes Sociétés qui portent à la connaissance du public, par la voie des journaux, leurs bilans annuels. Mais elle laissera au moins une trace, que les intéressés pourront relever à l'occasion, du mouvement des affaires dans les Sociétés qui ne veulent pas faire de dépenses de publicité dans la presse quotidienne ni dans la presse financière hebdomadaire.

Pour que le *Bulletin* puisse être consulté par les intéressés, la loi pourrait en ordonner l'envoi au greffe du Tribunal de commerce et au greffe de justice de paix, dans les localités qui ne possèdent pas d'organe de justice consulaire.

Toutes ces publications ordonnées par la loi, il y aurait à les centraliser, — à l'imitation de ce qui se fait en Angleterre à Somerset House depuis 1908 — dans un local unique à Paris et dans quelques régions à déterminer.

Cette réunion de tous les documents concernant une Société (statuts, prospectus, numéros du *Bulletin* où auraient paru les insertions, bilans annuels, modifications survenues dans la composition du Conseil et dans la haute direction, etc.), constituerait pour chaque Société une sorte d'état civil qui pourrait être consulté sur place moyennant une faible rétribution, 1 franc par exemple.

A Paris, on centraliserait, sous le contrôle de la Chambre de commerce ou de la Chambre syndicale des Agents de change, les dossiers de toutes les Sociétés françaises. Dans chaque région, la Chambre de commerce d'une grande ville centraliserait seulement les dossiers des Sociétés créées dans la région ou y ayant l'objet de leur entreprise.

Commissaires de surveillance.

L'administration des Sociétés est composée de trois organes : un organe agissant qui est la Direction, un organe délibérant qui est le Conseil d'administration, et un très modeste, très insuffisant organe de contrôle, le commissaire aux comptes.

Parlons d'abord du commissaire aux comptes dont la fonction consiste à examiner chaque année les écritures de la Société pour s'assurer de leur conformité avec les chiffres portés au bilan. Le commissaire ou les commissaires aux comptes, car ils sont le plus souvent deux, présentent un rapport ordinairement très court dans lequel ils affirment cette conformité. Si ces vérificateurs étaient indépendants, leur existence serait une solide garantie pour les actionnaires ; malheureusement, ils ne sont pas toujours indépendants.

Ils devraient être les représentants des actionnaires ; et ils sont presque toujours, bien que nommés chaque année par l'Assemblée générale, les hommes de la Direction ou du Conseil d'administration. C'est, en effet, cette Direction ou le Conseil qui les choisit et qui les propose à l'Assemblée, d'où il résulte que tel qu'il est exercé, le contrôle par les commissaires aux comptes n'est trop souvent que le contrôle par les contrôlés.

Est-il un moyen de faire cesser cet abus? Il a été quelquefois proposé de faire désigner le commissaire aux comptes par le président du Tribunal de commerce. Sans aller aussi loin, on pourrait s'inspirer de la coutume anglaise.

En Angleterre, où toutes les professions sont organisées en corporations, il existe trois corps de comptables diplômés par leurs corporations (*Chartered Accountants*). C'est parmi ces comptables que les tribunaux choisissent leurs experts et que les Sociétés prennent, sans que la loi leur en fasse d'ailleurs une obligation, les vérificateurs de leurs écritures. Nous n'avons pas de corporations en France, mais le président de la Chambre de Commerce ou le président du Tribunal de Commerce ne pourrait-il pas dresser chaque année un tableau de spécialistes à compétence reconnue sur lequel les Sociétés devraient prendre leurs commissaires aux comptes? Il resterait à dire si le même comptable pourrait être toujours chargé de vérifier les comptes d'une Société ou si la Société devrait changer de vérificateur après un certain nombre d'exercices.

Il ne faut pas se dissimuler que, à quelque parti qu'on se range, les commissaires aux comptes seront toujours prédisposés à ne pas être des censeurs trop rigoureux pour la Direction dont en fait ils tiendront leurs mandats.

Mais peut-être pourrait-on, sans supprimer les commissaires aux comptes, assurer sur les opérations des directeurs de Sociétés un contrôle vraiment efficace.

Direction et Conseil d'administration.

Aujourd'hui, dans les Sociétés, les deux pouvoirs, exécutif et législatif, si on peut ainsi dire, sont confondus dans le Conseil d'administration. Le pouvoir exécutif est exercé soit par un directeur général, soit par le président, soit par un administrateur délégué. Ces hauts dirigeants agissent et placent trop souvent le Conseil devant des faits accomplis. Ils obtiennent pour leurs actes la sanction du Conseil qui en devient responsable, même quand il n'a pas pris part à leur préparation. Les simples administrateurs, qui n'osent pas heurter de front les hautes personnalités à qui est confiée la direction des affaires sociales, recouvreraient leur indépendance s'ils siégeaient séparément, si, au lieu d'être associés nominalement à la direction, ils constituaient un organe de surveillance.

La législation russe a institué deux Conseils, un de direction *(Pravlénié)*, un d'administration *(Soviet)*, dont les membres sont nommés par l'Assemblée générale. Les deux Conseils tiennent séance à part. Le premier agit, prend les décisions, les exécute; le second contrôle. Chaque année, à l'Assemblée générale, chacun des Conseils présente un rapport.

Cette dualité ne fait pas naître une rivalité préjudiciable aux intérêts sociaux; elle divise seulement ce qui ne doit pas être uni. A côté d'un Conseil de dirigeants, elle place un Conseil de vigilants. Fondre en un seul ces deux Conseils vous donne le Conseil d'administration tel que nous l'avons en France, où souvent les responsabilités s'évanouissent; car ceux qui ont eu l'initiative des actes font partager ces responsabilités par des collègues qui, le plus souvent, ne connaissent les mesures décidées que lorsqu'il est trop tard pour en empêcher l'exécution. Avec le système russe, il n'y a pas de confusion d'attributions. Chaque Conseil accomplit son mandat. La direction agissant en dehors du Conseil d'administration ne l'engage pas par ses actes et le Conseil d'administration, qui n'a pas eu part aux actes de la direction, conserve toute sa liberté pour les apprécier et les censurer, s'il y a lieu.

Pour transporter en France ces dispositions de la législation russe, il n'y aurait qu'à inscrire dans le droit ce qui existe déjà en fait dans beaucoup de Sociétés.

Dans un grand nombre de Conseils d'administration français, l'habitude s'est introduite de nommer un Comité de direction qui décide des actes à accomplir et qui fait ensuite ratifier ses décisions par le Conseil d'administration, si bien que ce dernier Conseil devient, par sa ratification, responsable de ce qui a été décidé en dehors de lui.

Une disposition législative qui ferait du Comité de direction un organe légal, qui lui laisserait à lui seul la responsabilité de ses actes et qui ferait, comme en Russie, du Conseil d'administration une sorte de Sénat conservateur des statuts et des intérêts sociaux, suppléerait au contrôle trop faible des commissaires aux comptes et écarterait des Sociétés le danger que peuvent leur faire courir des directions trop omnipotentes.

Contrôle par les actionnaires.

Après avoir institué sur la direction nommée par l'Assemblée générale le contrôle permanent du Conseil d'administration nommé, lui aussi, par l'Assemblée, il y aurait à renforcer le contrôle direct des actionnaires sur les organes dirigeants des affaires sociales.

D'après les lois existantes, les administrateurs sont toujours révocables par l'Assemblée générale; mais ce droit n'est presque jamais exercé, parce que les actionnaires sont négligents ou timides ou parce que, si parmi eux il se trouve un homme qui ose prendre une initiative contre le Conseil d'administration ou même contre un seul administrateur, sa proposition se heurte à l'hostilité des « porteurs de pouvoirs. » On sait, en effet, que beaucoup d'actionnaires, ne pouvant pas venir à l'Assemblée, envoient le mandat de les représenter à la Société elle-même. Ces pouvoirs, les administrateurs se les répartissent entre eux et le bloc de ces actions qu'ils représentent s'ajoutant aux titres qu'ils possèdent en propre leur confèrent bien souvent la majorité dans l'Assemblée. Ils deviennent donc ainsi les juges de leur propre gestion.

La loi ne peut certes pas intervenir dans le choix que chaque actionnaire a le droit de faire de son propre mandataire. C'est aux actionnaires à se réformer eux-mêmes, à changer leurs habitudes, à ne plus remettre l'exercice de leurs droits de surveillance à ceux qu'ils ont intérêt et devoir de surveiller. Sur ce point, le législateur ne peut pas édicter impérativement, il ne peut que formuler un vœu et en faciliter l'accomplissement.

Si le Conseil d'administration tel qu'il existe aujourd'hui était scindé en deux parties, Conseil de direction et Conseil de surveillance, la prise des actionnaires sur les gérants de leurs intérêts serait moins incertaine.

En effet, dans le Conseil de direction on verrait les hommes à qui incomberait avec certitude la responsabilité des actes de gestion. Cette responsabilité ne serait plus diluée, comme elle l'est aujourd'hui dans la responsabilité anonyme et collective d'un nombreux Conseil où beaucoup de membres ne sont souvent que des auditeurs silencieux et inagissants. Sur des hommes portés à la direction par l'Assemblée, qui seuls auraient les initiatives et seuls la responsabilité des actes de gestion, les actionnaires, nous y insistons, auraient une prise qu'ils n'ont pas sur les Conseils d'administration tels qu'ils sont actuellement organisés. Ils oseraient peut-être mettre en cause les directeurs fautifs — et ils l'oseraient avec quelque chance d'obtenir satisfaction car, dans certains cas, ils pourraient compter d'être approuvés et soutenus par le Conseil de surveillance qui, distinct du Conseil de direction, n'aurait pas à se solidariser toujours et quand même avec lui.

Mais il ne suffirait pas de faciliter aux actionnaires l'exercice de leurs droits. Ces droits devraient encore être étendus. Les Sociétés ne se réunissent en Assemblée générale ordinaire qu'une seule fois par an. Or, entre deux Assemblées, il peut survenir certains événements qui jettent un grand trouble dans la vie sociale, qui compromettent les intérêts de la Société. Si dans de telles circonstances le Conseil de direction et le Conseil d'administration négligent de convoquer les actionnaires, ne convient-il pas d'accorder à ces actionnaires le droit de provoquer, d'exiger eux-mêmes qu'on les réunisse pour leur faire connaître l'état de leurs affaires, pour les mettre à même d'aviser, s'il y a lieu, aux mesures de sauvegarde ou de sauvetage nécessaires ? Le droit de défendre leurs intérêts ne peut pas être contesté aux actionnaires. Il y a seulement à en organiser l'exercice. Le « quorum » requis pour qu'une Assemblée générale puisse valablement être tenue est du quart du capital. S'inspirant de cette disposition qu'elle a consacrée, la loi ne voudrait-elle pas dire que le Conseil de Direction ou le Conseil d'administration sera tenu de convoquer extraordinairement les actionnaires quand la convocation sera demandée par un groupe de porteurs représentant le quart du capital, à condition que ces porteurs soient propriétaires de leurs titres depuis au moins trois mois ?

Cette restriction est nécessaire, si on ne veut pas que

la faculté ouverte aux actionnaires de faire convoquer une Assemblée générale vienne faciliter certains mauvais coups dont la Société pourrait être victime.

On sait que la jurisprudence considère les reporteurs des titres que la spéculation fait flotter sur le marché comme les vrais propriétaires de ces titres. Ils n'en sont pourtant, en réalité, que les détenteurs momentanés. Un actionnaire véritable se préoccupe de l'avenir de la Société où il a placé une partie de son avoir. Le reporteur ne connaît pas cette préoccupation. A une liquidation il a pris, en gage d'une somme qu'il a avancée, un certain nombre de titres dont il se débarrassera à la liquidation suivante. Pourtant les droits sont les mêmes pour l'actionnaire qui fait vraiment corps avec la Société et pour le reporteur qui n'y est qu'un passant, un passant ordinairement indifférent, mais qui peut à l'occasion être animé de dispositions malveillantes.

Il arrive souvent à la veille d'une Assemblée générale que des personnes ne possédant pas de titres de la Société veulent néanmoins s'introduire dans cette Assemblée. Elles pourraient réaliser ce dessein de la façon la plus simple en achetant le nombre de titres exigé par les statuts pour prendre part aux délibérations et au vote sur les affaires de la Société. Mais l'achat est onéreux, l'achat comporte un risque que n'entendent pas prendre dans les circonstances que nous envisageons les personnes que nous considérons. Comment donc feront ces personnes qui, sans vouloir devenir vraiment actionnaires, veulent pourtant se procurer, pendant un moment, la jouissance des droits que confère la possession d'un certain nombre d'actions? Ces personnes offriront aux agents de change ou aux coulissiers, selon le marché où se négocie les titres qu'ils recherchent, de reporter, à des conditions particulièrement avantageuses, les titres flottants. Devenus reporteurs, détenteurs pour quinze jours, pour un mois de ces titres, ils ont tous les droits des propriétaires d'actions.

Cette assimilation complète des reporteurs aux actionnaires, a eu parfois pour certaines Société des conséquences graves. On a vu des majorités occasionnelles, formées de titres pris en report, y faire la loi. Les titres reportés avec les droits que la jurisprudence leur reconnaît sont donc dangereux pour les Sociétés dans les Assemblées générales qui sont tenues statutairement ou sur convocation des Conseils d'administration. Ce danger serait bien plus grave, si le droit des actionnaires était étendu comme nous le demandons, s'ils pouvaient exiger la réunion d'Assemblées générales dans le cours de l'exercice.

Une Société pourrait se trouver à la merci d'une manœuvre ourdie par des adversaires qui, s'étant au moyen de titres reportés assuré une majorité éphémère, viendraient y jeter la perturbation.

On empêchera l'exécution de ces mauvais coups en exigeant que les actionnaires qui voudront provoquer la tenue d'une Assemblée extraordinaire soient propriétaires de leurs titres depuis un temps assez long pour qu'on puisse les considérer comme des associés sérieux, comme des intéressés de bonne foi. D'ailleurs, il y aurait à considérer si même les Assemblées ordinaires ne devraient pas être fermées aux actionnaires qui auraient acquis leurs titres dans un délai trop rapproché de la tenue de ces Assemblées, étant toutefois entendu que les héritiers ayant trouvé des titres dans une succession seraient en possession de tous les droits du *de cujus* et ne sauraient donc être assimilés à des acheteurs de la dernière heure.

Représentation des « Petits Actionnaires ».

Une autre modification de la loi paraît juste. Elle faciliterait aux « petits actionnaires » l'exercice de leur droit.

Pour entrer et voter dans les Assemblées générales, il faut posséder un certain nombre de titres. Dix actions, par exemple, disent les statuts, donnent droit à une voix et les porteurs de moins de dix titres peuvent se grouper et charger « l'un deux » de les représenter. Pourquoi le mandataire des « petits actionnaires » doit-il être « l'un d'eux » ? Aucune raison de principe ne justifie cette exigence. Pourquoi la loi ne dirait-elle pas que les porteurs de moins d'actions qu'il n'en faut pour être admis à l'Assemblée pourront se grouper et se faire représenter « par un actionnaire » ayant, lui, droit d'accès et de vote?

Les parts de fondateurs.

Beaucoup de Sociétés ont des « parts de fondateurs » ou « parts bénéficiaires ».

Ces titres se distinguent des actions d'apport en ce qu'ils peuvent être négociés aussitôt après la constitution de la Société, au lieu que les actions d'apport doivent rester à la souche pendant les deux premières anées de la vie de la Société et ne peuvent faire l'objet que de cessions civiles. Il existe d'autres différences entre l'action d'apport et la part de fondateur. La première représente dans la pratique, ordinairement, un objet matériel, l'objet même qui a été mis en Société : immeuble, fonds de commerce, concession, contrat, marque de fabrique, brevet, enseigne commerciale, etc...

Elle représente une part du capital de la Société et, de même que dans les Assemblées générales, elle exerce en cas de liquidation les mêmes droits de reprise sur le fonds social que les actions souscrites en argent.

La part de fondateur ou part bénéficiaire sert en général à payer les apports d'une autre nature, les apports incorporels, dont la valeur ne peut pas être rigoureusement déterminée. Ce sont, par exemple, l'idée d'une entreprise, les études préliminaires, les démarches faites en vue de réaliser cette idée, les concours que, par leurs relations, par leur expérience technique ou professionnelle, par leurs conseils, certaines personnes ont pu donner ou promettent de donner aux initiateurs de l'entreprise. Ces apports de nature immatérielle ne sont pas évaluables immédiatement. On ne saura ce qu'ils vaudront qu'après que la Société aura vécu, aura fait les opérations en vue desquelles elle aura été constituée. La part bénéficiaire ou de fondateur ne peut donc pas légitimement entrer en complète concurrence avec les actions représentatives d'un apport matériel ou de souscriptions. Elle ne représente pas du capital versé, de la valeur concrète. Ce qu'elle représente, c'est un droit à une partie des profits. Le porteur de parts dont on a voulu rémunérer l'idée sur laquelle s'est fondée la Société ou l'aide qu'il a donnée en rendant cette idée réalisable, en trouvant par exemple le capital sans lequel la Société n'aurait pas pu naître ; ce porteur de parts sera associé aux chances de la Société. Si elle ne gagne rien, il n'aura droit à rien. Si elle gagne quelque chose ou si elle gagne beaucoup, il aura droit à une portion de ce bénéfice. Vienne la liquidation, il ne pourra pas, comme le porteur d'actions d'apport ou d'actions de capital, réclamer une part dans le fonds social qui ne lui appartient en rien. C'est seulement une fois ces actions remboursées intégralement qu'il pourra, sauf stipulation contraire des statuts, se présenter pour entrer dans le partage de l'excédent — cet excédent étant une accumulation des bénéfices auxquels la part bénéficiaire ou de fondateur a droit par définition, dans la proportion fixée par les statuts.

La part de fondateur ou part bénéficiaire rend certainement de grands services aux Sociétés, car tout en leur permettant de rémunérer équitablement d'utiles concours, elle ne leur impose aucune charge au point de départ, ne grève que leurs profits à venir.

Mais il peut se produire, dans la vie d'une Société, tels événements qui rendent la part bénéficiaire gênante et qui peuvent en faire désirer le rachat. Il faudra donc que la Société ouvre des négociations avec chaque porteur de parts individuellement. Et si un seul de ces porteurs est intransigeant, les parts dont il sera propriétaire subsisteront, quand toutes les autres auront été de gré à gré annulées. N'y a-t-il pas un abus dans ce droit laissé à chaque porteur de parts d'obliger la Société à conserver une entrave nuisible ? Pour faire disparaître cet abus, il y aurait à constituer l'ensemble des porteurs de parts en une sorte de personne morale avec laquelle les Sociétés pourraient discuter. Il ne serait pas nécessaire d'ordonner que cette personne morale fût une Société civile; il suffirait qu'elle fût une Assemblée générale des porteurs.

Quand une Société aurait des propositions à faire à ses porteurs de parts, elle les convoquerait. Un certain « quorum » (les deux tiers par exemple) serait requis pour que l'Assemblée fût valable et le vote de cette Assemblée ferait loi pour tous les porteurs de parts.

Réciproquement, quand, en vue d'observations à lui

présenter ou d'offres à lui faire, un groupe de porteurs de parts, représentant un « quorum » à déterminer (la moitié ou les deux tiers), demanderaient à la Société de convoquer les porteurs en Assemblée générale, il devrait être fait droit à cette demande dans un court délai. Enfin, pour faciliter les rapports de la Société et de ses porteurs de parts, il pourrait être prescrit qu'aussitôt après la constitution de la Société, il se tiendrait une Assemblée générale des porteurs qui choisirait parmi ses membres un mandataire. Ce serait un agent de liaison entre la Société et les porteurs de parts; il représenterait les porteurs aux Assemblées générales sans voix délibérative; il aurait le droit de prendre connaissance des écritures en même temps que les commissaires aux comptes. Mais l'existence de ce mandataire ne préjudicierait pas au droit des porteurs de provoquer eux-mêmes de la part de la Société la tenue d'une Assemblée générale. Il faut, en effet, prévoir le cas où l'agent de liaison, en rapports constants avec les dirigeants de la Société, subirait plus qu'il ne conviendrait leur influence.

Les obligataires.

La réglementation des rapports que les Sociétés ont à entretenir avec leurs porteurs de parts serait utile; mais la réglementation des rapports des Sociétés avec leurs obligataires est indispensable surtout dans les circonstances présentes.

Les obligations qui représentent les dettes des Sociétés ne sont, dans l'état de la législation, que des créances fragmentées. Les porteurs de ces fragments ont certainement des intérêts communs. Mais à moins qu'ils n'aient pris la précaution onéreuse de se constituer en Société civile, l'action commune ne leur est pas permise. Les obligataires, séparément, peuvent prendre des mesures conservatoires, intenter des procès. Mais l'intérêt collectif qu'ils représentent est une masse inerte, impropre aussi bien à la défensive qu'à l'offensive. Pour donner à cette masse la possibilité d'agir et de négocier avec la Société débitrice, de lui consentir, éventuellement, certaines facilités; pour la mettre à même de faire valoir ses droits, il faut l'organiser, et les circonstances commandent de l'organiser sans retard, avant le rétablissement de la paix.

L'organisation à donner aux obligations est la même que celle qui est proposée pour les parts de fondateurs.

Les obligataires, aussitôt après la clôture de la souscription, seraient convoqués en Assemblée générale et éliraient parmi eux un mandataire qui les représenterait dans l'accomplissement de certains actes, en particulier dans l'inscription des hypothèques. Le pouvoir de ce mandataire serait limité étroitement par le vote de l'Assemblée; son mandat serait épuisé une fois accompli l'acte en vue duquel il aurait été habilité. Mais le contact pourrait toujours être repris au cours de la vie sociale entre la Société et ses obligataires. Quand elle le jugerait bon, la Société pourrait convoquer ses porteurs d'obligations, et quand un nombre de porteurs à déterminer lui en signifieraient le désir, en indiquant les questions qui devraient être portées à l'ordre du jour, la Société serait tenue de réunir à ses frais une Assemblée générale.

Ces réunions d'obligataires seraient de peu d'utilité si le vote de la majorité ne devait pas s'imposer à tous les porteurs. Il y aurait donc à modifier la loi qui considère chaque porteur d'obligations comme un créancier indépendant. L'innovation à faire consisterait à fondre les droits individuels dans le droit collectif de l'ensemble des possesseurs des fractions d'une même créance et à stipuler que la minorité ne pourrait pas faire échec à la volonté de la majorité.

Le vote de l'Assemblée générale s'imposerait, dans tous les cas, quand il s'agirait de mesures de défense à prendre contre la Société, aussi bien que lorsqu'il s'agirait de lui venir en aide. Après la guerre, beaucoup de Sociétés se trouveront dans l'impossibilité de tenir leurs engagements envers leurs obligataires. Pour prévenir des faillites qui seraient ruineuses aussi bien pour les Sociétés débitrices que pour leurs créanciers, des compromis devront être passés. Certaines Sociétés demanderont la prolongation ou la suspension de l'amortissement ; d'autres, la prorogation de leurs échéances d'intérêts ; d'autres, encore plus éprouvées, ne pourront conserver l'existence que si leurs créanciers obligataires leur accordent de plus larges concessions, telles que la réduction du taux de l'intérêt ou peut-être la réduction du capital.

Si les obligataires restent à l'état d'isolement, s'il faut engager une négociation avec chacun d'eux, il sera impossible d'aboutir et le lendemain de la guerre sera rempli de ruines. Au contraire, si les obligataires peuvent se réunir, délibérer, émettre à la majorité des deux tiers, par exemple, des votes exécutoires, cette crise sera conjurée.

Les étrangers dans les Sociétés françaises.

La mise sous séquestre, en France, des biens des sujets des États ennemis a fait apparaître l'importance des positions économiques que nos ennemis occupaient dans notre pays. Pour que ces positions ne soient pas reconquises, certaines précautions s'imposent. Mais il ne serait peut-être pas très expédient de prescrire qu'une certaine partie du capital des Sociétés restera dans des mains françaises. car la valeur mobilière, quand elle est au porteur, peut circuler sans laisser de traces. Voudrait-on créer deux catégories de titres, l'une qui serait négociable à tout venant et l'autre qui ne le serait que sous certaines conditions, qui serait, par exemple, nominative et transmissible seulement avec l'approbation du Conseil. On en arriverait à porter préjudice aux porteurs des titres de cette deuxième catégorie, c'est-à-dire à nos nationaux. En effet, des titres frappés d'une servitude, même de la plus honorable des servitudes, auraient un marché moins étendu et par conséquent une cote peut-être moins favorable que des titres absolument libres.

D'ailleurs, on ne doit pas se dissimuler que des étrangers trouveraient toujours, dans certains milieux, des prête-noms français, s'ils voulaient acquérir des titres dont la loi aurait voulu empêcher la dénationalisation. S'il ne faut pas trop compter sur l'efficacité d'une prescription législative qui imposerait à toute Société française d'avoir un minimum d'argent français, il est possible d'édicter que le Conseil d'administration de toute Société française sera en majorité composée de citoyens français. Mais dans cette voie, le législateur ne voudra avancer qu'avec une grande prudence. En effet, après la guerre, la France ne pourra pas redevenir de quelque temps « le bailleur de fonds des nations ». Avant de se remettre à fournir du capital aux autres nations, elle aura peut-être besoin d'en emprunter pour faire renaître et développer ses industries. Dans les pays comme l'Amérique qui ont fait de si énormes profits de guerre, nos industriels chercheront sans doute des commanditaires et sans doute même ces commanditaires viendront-ils s'offrir. En faisant la réforme de la loi sur les Sociétés, on se gardera sagement de toute prescription susceptible de détourner de la France les bailleurs de fonds des pays amis dont le concours nous sera, au moins pendant quelque temps, nécessaire.

Urgence de la réforme.

Pour que les bons effets à attendre de ces modifications puissent être éprouvés dès que les affaires reprendront leur essor, on doit souhaiter que la réforme sollicitée soit abordée sans trop de retard. Les méthodes de travail du Parlement français sont en effet très lentes, puisque tous les projets et toutes les propositions doivent passer successivement par l'examen des Commissions avant les discussions publiques à la Chambre et au Sénat. Il en va autrement dans d'autres pays, en Angleterre, par exemple, où il n'y a pas de Commissions, où le Cabinet, qui a seul l'initiative des lois — le règlement rendant presque impossible l'initiative des membres des Communes — saisit directement la Chambre de ses propositions et décide seul et de leur inscription à l'ordre du jour et du nombre de séances qui seront consacrées à leur examen. Le Gouvernement anglais peut donc attendre pour saisir la Chambre d'une loi urgente, parce qu'il est certain de pouvoir, s'il le veut, la faire voter en temps utile. Une fois le vote rendu aux Communes, le passage par la Chambre des lords n'est plus, pour les lois d'affaires, qu'une formalité d'enregistrement. Dans cette haute Assemblée, en effet, il n'y a jamais de discussion que sur les grandes questions de politique. Le Sénat français, qui tient son mandat de l'élection et qui est jaloux à bon droit d'exercer ses prérogatives, recommence au contraire l'étude de toutes les lois que lui envoie la Chambre. Cette méthode de travail, en France, qui est inspirée par le souci de chacune des deux Assemblées de mieux remplir son devoir, fait une obligation de mettre à l'étude, longtemps à l'avance, les projets ou propositions de lois d'affaires que l'on veut faire aboutir.

Il y a bien en France un procédé d'improvisation législative qui consiste à insérer une réforme dans la loi de finances. Mais ce procédé a le défaut d'improviser trop rapidement. Il ne laisse pas toujours aux législateurs le temps de peser autant qu'il le faudrait les avantages et les inconvénients du vote qu'on leur demande. La réforme d'une législation comme celles des Sociétés, qui touche à tant d'intérêts, ne peut être faite qu'avec beaucoup de circonspection. Il semble donc préférable de ne pas la faire passer par la procédure hâtive de l'inscription dans une loi de finances. On serait pourtant contraint de recourir à cette procédure, à moins qu'on ne voulût laisser dans son imperfection actuelle notre législation financière, si on attendait pour corriger cette imperfection que les discussions politiques reparaissent, comme il arrivera naturellement après la guerre, à l'ordre du jour du Parlement, et en absorbent toute l'attention.

Telles sont quelques-unes des modifications à la législation des Sociétés qui paraissent immédiatement désirables, et sur lesquelles est respectueusement appelée l'attention des législateurs.

IMPRIMERIE CHAIX, RUE BERGÈRE, 20, PARIS. — 13578-11-46.